CONTENTS

KB250752

04 재료 이야기 1 · 통조림은…
   오래 두고 먹을 수 있고 손질이 간편한 재료

06 참치무조림

08 오이 매운맛 소스볶음

10 참치빈대떡

12 쇠고기죽순땅콩조림

13 참치볶음밥오믈렛

14 야채참치전

15 참크로켓

16 참치볶음밥

18 다진 꽁치크로켓

20 죽순구이

22 아스파라거스와 참치요구르트샐러드

24 포테이토참치크림파스타

26 배추콘샐러드

28 중국식 옥수수튀김

29 고구마피자

30 콜리플라워샐러드

32 옥수수라이스전

34 율란

36 미니밤무스

38 골뱅이야채무침

39 재료 이야기 2 · 영양은…
   통조림으로 가공하는 재료에는…

40 포테이토마카로니

42 황도너트구이

44 참치를 넣은 군만두

46 크림치즈과일만두

재 료 이 야 기 | **1** 통 조 림 은 …

오래 두고 먹을 수 있고 손질이 간편한 재료

마땅한 재료도 없고 시장에 갈 시간도 없을 때, 참치 캔 하나만 있으면 든든하다. 장기간 보관이 가능하고, 요즘에는 다양한 종류의 통조림 제품이 나와 있어 구비해 놓으면 여러모로 편리하게 이용할 수 있다.

통조림은 가열·살균하여 금속제의 깡통에 넣어 밀봉해서 장기간 보존할 수 있도록 가공한 식품이다. 수송과 사용에 편리하고 경제적이며 가공 중 영양가의 손실이 비교적 적은 저장성 가공 식품으로 많은 장점을 지니고 있다.
공기를 뺀 다음 밀봉하고, 진공이 유지된 상태에서 가열·살균하므로 비타민과 기타 영양분이 흡수되기 쉬운 상태로 많이 함유되어 있다. 대량 생산되므로 날식품과 비교하여 소비자의 손에 이르기까지 경비가 적게 들고, 제조 과정에서 먹지 못할 부분이 완전히 제거되어 간편하게 전부 먹을 수 있는 상태로 제품화 되어 경제적이다.

조리하기   뚜껑을 열어 그대로 먹을 수 있어 간편하지만 조리 방법이 한정되어 있으므로, 다른 재료를 넣거나 냄비에 옮겨 데우거나 끓이면서 양념을 약간 더하면 더욱 맛있게 먹을 수 있다. 또 참치나 꽁치, 옥수수와 같이 많이 사용하는 것뿐 아니라 재료가 계절성이 있는 것(죽순)이나 수확한 후 곧 열처리하는 것이 바람직한 것(게·아스파라거스)의

맛있는 요리책 Cook&Cook 시리즈 Vol.5

"통조림으로 만드는 반찬&요리"

맛있는 요리책 Cook&Cook 시리즈 Vol.5

"통조림으로 만드는 반찬&요리"

초판 발행 2015년 05월 20일

발행인 **김진용** / 발행처 **(주)지원출판**

편집 **이슬비** / 제작책임 **윤미경** / 마케팅 책임 **이홍연**

콘텐츠 제공 **29MEDIA**

도서, 마케팅 문의 전화 031-941-4474 / 팩스 0303-0942-4474

주소 **경기도 파주시 탄현면 웅지로 110번길 71** / 등록번호 406-2008-000040호

홈페이지 www.jiwonbook.com

통조림도 응용 범위가 넓어 비치해 두고 재료로 사용하면 좋다. 조리할 때는 독특한 깡통 냄새를 없애기 위해 향미 채소를 곁들이거나 조미료나 향신료를 사용하는 것이 좋다.

보관과 고르기 겉으로 보았을 때 정상적인 제품은 속이 진공이기 때문에 깡통의 뚜껑이 약간 들어가 있으나, 내용물이 부패한 것은 가스가 팽창해 있으므로 뚜껑이 불룩하다. 통을 두들겨 보아 맑은 소리가 나는 것으로 선택하는 것이 좋다. 맑은 소리가 나는 것은 내용물에 이상이 없는 것이며, 탁한 소리가 나는 것은 이상이 있는 것이므로 구입하지 말아야 한다. 또 제품은 품명, 내용물의 재료, 내용량 · 제조년월일 · 제조회사 등의 표시가 정확한 것을 선택하도록 한다. 통을 열었을 때 이상한 냄새가 나거나 색깔이 변한 것은 불량품이므로 교환하도록 한다.

개봉하지 않은 통조림은 서늘한 곳에 보관하면 되지만, 뚜껑을 연 후에는 바로 사용하는 것이 원칙이다. 남은 것은 다른 그릇에 옮겨 한번 끓여서 식힌 후 냉장고에 보관한다. 냉장고에 보관할 때는 플라스틱 필름으로 밀봉하여 넣어둔다.

참치무조림

_ 4인분

재료와 분량
무 1개
참치 캔 1개
설탕 2큰술
간장 3큰술
맛술 1큰술

이렇게 만들어요

1 무는 껍질을 벗겨서 2cm 두께로 썰고 반으로 잘라 모서리 부분을 둥글게 돌려 깎는다.

2 냄비에 ①의 무를 담고 참치를 올려서 물을 자작하게 붓고, 분량의 설탕을 넣은 후 뚜껑을 덮어 끓인다.

3 끓어오르면 불을 줄여서 약한 불에서 무가 익을 때까지 끓인다.

4 무가 투명하게 익으면 간장을 넣어서 간한다.

5 ④에 맛술을 넣어서 윤이 나도록 조린다.

Cooking Tip

무는 큼직하게 썰어 준비한다. 음식의 맛을 시원하게 만들어주는 무를 넣은 참치조림은 텁텁함보다는 깔끔한 맛이 일품이다. 조리 중에 서로 부딪혀 모서리가 부서지면 요리 모양이 망가질 수 있으므로 모서리를 둥글게 돌려 깎도록 한다.

오이 매운맛 소스볶음
_4인분

재료와 분량
오이 3개
옥수수 통조림 50g
소금 약간
쇠고기 다진 것 50g

ⓐ 양념
두반장 1큰술
굴소스 1큰술
설탕 1작은술
참기름 1큰술
청주 1큰술
다진 파 1/2큰술
다진 마늘 1작은술

이렇게 만들어요

1 오이는 깨끗하게 씻어서 껍질을 벗긴 다음 2cm 크기로 어슷하게 썬다.

2 옥수수 통조림은 체에 밭쳐서 물기를 뺀다.

3 프라이팬에 기름을 두르고 ①의 오이를 넣어서 파랗게 볶는다. 여기에 소금을 넣어서 간한다.

4 프라이팬에 기름을 두르고 쇠고기를 넣어서 잘 볶다가 ⓐ의 양념을 넣어서 다시 잘 볶는다.

5 접시에 볶은 소스를 얹고 파랗게 볶은 오이를 얹어서 낸다.

1 껍질을 깨끗하게 손질한 오이는 한 입 크기로 어슷하게 썰어 준비한다. 2 고소한 맛을 내는 옥수수 통조림은 체에 밭쳐 물기를 뺀 후 조리해야 음식에 국물이 생기지 않는다.

참치빈대떡 _ 4인분

재료와 분량
참치 통조림 200g
송송 썬 김치 줄기 1/2컵
양파 1/4개
피망 1/2개
밀가루 1컵
물 1컵
달걀 1/2개
식용유 · 치커리 · 방울토마토
약간씩

양념장
간장 · 식초 2큰술씩

이렇게 만들어요
1 참치는 체에 걸러 기름을 뺀다.

2 양파와 피망은 다지고, 김치는 줄기만 골라 송송 썬다.

3 우묵한 볼에 밀가루, 물, 달걀을 넣고 고루 섞어준다.

4 ③에 참치와 다진 양파, 피망, 김치를 넣고 고루 섞는다.

5 열이 오른 팬에 식용유를 두르고 ④를 한 국자씩 떠 넣고 노릇노릇하게 부친다.

6 썰어서 접시에 담고, 간장과 식초를 섞은 양념장과 치커리, 방울토마토를 곁들인다.

Cooking Tip
밀가루를 사용한 뒤 아무 곳에나 방치해 두면 습기가 차서 눅눅해지고 쌀알만한 크기의 까만 벌레들이 생기기 쉽다. 따라서 공기가 들어가지 않도록 밀폐된 용기에 넣어 습기가 적은 냉장고에 넣어 보관한다.

쇠고기죽순
땅콩조림
_ 4인분

재료와 분량
쇠고기 불고깃감 300g
죽순(통조림) 100g
다진 마늘 1/2큰술
다진 생강 1/2작은술
땅콩 3큰술
소금 · 후춧가루 약간씩
샐러드유 약간

ⓐ 양념
된장 1큰술
청주 1큰술
굴소스 1/2큰술
설탕 1작은술

이렇게 만들어요
1 쇠고기는 한 입 크기로 자른다.

2 죽순은 끓는 물에 한 번 데쳐 찬물에 헹군 다음 반으로 잘라서 부채 모양으로 썬다.

3 프라이팬에 기름을 두르고 다진 마늘과 다진 생강을 넣어서 볶다가 향이 나면 쇠고기를 넣어서 볶는다.

4 ③에 소금과 후춧가루를 뿌려서 간한다.

5 ④에 죽순을 넣어서 잘 볶다가 땅콩을 넣어서 볶는다.

6 ⑤에 ⓐ의 양념을 넣어서 다시 잘 볶아서 접시에 담아 낸다.

참치볶음밥 오믈렛
_ 4인분

재료와 분량
밥 1/2공기
참치 통조림 4큰술
당근 1/8개
양파 1/4개
피망 1/4개
소금 · 후춧가루 · 식용유 약간씩
달걀 1개
브라운소스
(또는 토마토케첩) 3큰술
오이피클 1개
치커리 · 방울토마토 약간씩

이렇게 만들어요
1 참치는 기름을 빼서 준비한다.

2 당근, 양파, 피망은 잘게 썰고 달걀은 풀어놓는다.

3 열이 오른 팬에 기름을 두르고 ②의 채소를 볶다가 소금과 후춧가루로 간한다.

4 ③에 밥을 넣고 볶은 후 다시 간을 맞춘다.

5 열이 오른 팬에 기름을 두르고 달걀을 부어 지단을 부친 다음 ④의 밥을 중심에 놓고 모양 있게 감싼다. 불을 약하게 하여 속이 익도록 하면서 모양을 다듬는다.

6 접시에 담고 브라운소스나 토마토케첩을 끼얹은 후 오이피클, 치커리, 방울토마토를 곁들인다.

야채참치전 _ 4인분

재료와 분량
말린 표고버섯 6개
당근 30g
실파 20g
참치 통조림 1캔
달걀 2개
밀가루 1/2컵
소금 · 후춧가루 · 샐러드유
약간씩

이렇게 만들어요

1 표고버섯은 미지근한 물에 약간의 설탕을 넣고 불려두었다가 건져 물기를 짠다. 밑동을 떼어내고 곱게 다진다.

2 당근은 씻은 뒤 물기를 걷어 ①과 같이 곱게 다진다.

3 실파는 다듬어 씻은 뒤 송송 썬다.

4 참치는 캔에서 꺼내 망에 담아 기름기를 충분히 뺀 다음 잘게 부순다.

5 볼에 버섯과 참치를 넣은 뒤 당근과 다진 실파, 밀가루, 곱게 푼 달걀을 함께 섞어 반죽한다. 소금과 후춧가루를 넣어 간을 맞춘다.

6 프라이팬에 기름을 두른 뒤 ⑤를 한 숟가락씩 떠 넣어 노릇하게 부쳐 낸다.

참치크로켓
_ 4인분

재료와 분량

참치 통조림 200g
고구마 300g
당근 1/6개
달걀물 2큰술
양파 · 소금 · 후춧가루 약간씩
밀가루 · 달걀물 · 빵가루 ·
튀김가루 적당량
치커리 · 방울토마토 약간씩

이렇게 만들어요

1 참치는 체에 밭쳐 기름기를 뺀 후 다진다.

2 고구마는 찜통에 찌고, 당근은 잘게 썰어 끓는 물에 소금을 넣고 데친다.

3 양파는 다져서 볶아 놓는다.

4 고구마를 볼에 넣어 으깨고 양파와 당근, ①의 참치, 달걀물을 넣고 섞는다. 소금, 후춧가루로 간한다.

5 ④를 둥글게 빚어서 밀가루, 빵가루의 순으로 튀김옷을 입혀 170℃의 기름에서 노릇하게 튀긴다.

6 접시에 담고 방울토마토, 치커리를 곁들인다.

참치볶음밥
_ 4인분

재료와 분량
밥 1/2공기
참치 1/4캔
오이 1/4개
당근 1/4개
양파 1/4개
소금 · 후춧가루 ·
참기름 약간씩

이렇게 만들어요
1 참치는 기름기를 빼고 다진다.

2 당근, 양파, 오이는 잘게 다진다.

3 프라이팬에 잘게 썬 채소와 참치를 넣고 볶는다. 아삭아삭 씹히는 볶음밥의 묘미를 즐기려면 센 불에 재빨리 볶아내는 것이 중요하다.

4 밥을 넣고 볶으면서 소금과 후춧가루로 간한다.

5 불을 끄기 전에 참기름을 넣는다.

Cooking Tip
당근에 함유된 비타민 A는 피부를 곱고 매끄럽게 해주는 역할을 하여 여성들에게 좋다. 잎줄기를 떼어낸 면이 움푹하게 들어간 것은 농약 침투의 가능성이 높다. 주홍색이 선명할수록 비타민 A의 함량이 높으며, 잘랐을 때 단단한 심이 없고 전체적으로 색깔이 고르면서 단맛이 나는 것이 좋다.

다진 꽁치크로켓 _ 4인분

재료와 분량
꽁치 통조림 1개
양파 1/2개
쪽파 3뿌리
소금 · 후춧가루 약간씩
빵가루 3큰술
녹말가루 1큰술
튀김기름 약간
튀김옷(밀가루 5큰술,
달걀 2개, 빵가루 1/2컵)

이렇게 만들어요

1 꽁치 통조림을 준비해서 건더기만 건져 기름기를 닦아낸 후 뼈째 곱게 다진다.

2 양파와 쪽파는 곱게 다져 소금간을 살짝 해서 절인 다음 물기를 꼭 짠다.

3 볼에 다진 꽁치, 양파, 쪽파, 빵가루, 녹말가루를 넣고 소금과 후춧가루를 넣고 간해서 골고루 버무린다.

4 한 숟가락씩 손에 올려 동그란 막대 형태의 크로켓 모양을 만들어 밀가루, 달걀물, 빵가루 순서로 튀김옷을 입힌다.

5 190℃에서 ④를 노릇하게 튀겨낸다.

1 꽁치는 건더기만 건져 기름기를 빼고 뼈째 곱게 다진다. 2 동그란 막대 모양으로 크로켓을 빚는다.

죽순구이 _ 4인분

재료와 분량
죽순 300g
실파 20g
올리브유 2작은술
버터 1큰술
간장 1큰술
청주 1큰술

이렇게 만들어요

1 죽순을 끓는 물에 넣어서 한 번 데쳐 불순물을 제거한 후 찬물에 헹군다.

2 ①의 죽순을 1cm 두께로 모양을 살려서 썬다.

3 죽순의 윗면에 칼집을 넣어서 준비한다.

4 실파는 송송 썰어서 준비한다.

5 프라이팬에 올리브유를 두르고 ③의 죽순을 넣어 노릇노릇하게 굽는다.

6 ⑤에 버터를 넣고, 버터가 녹으면 간장과 술을 넣어서 굽는다.

7 그릇에 보기 좋게 돌려 담고 실파를 송송 뿌린다.

Cooking Tip
죽순을 끓는 물에 데쳐 사용할 때 쌀뜨물을 사용하면 더욱 좋다. 죽순의 크기나 분량에 따라 다르지만 보통 한두 시간 정도 끓인 후 잠시 식혀 두었다가 찬물에 30분 정도 담가 쓰도록 한다. 손질에 자신이 없는 경우에는 시판되는 통조림을 구입하여 사용해도 좋다.

Cooking Tip
죽순을 끓는 물에 데쳐 불순물을 제거한 후 찬물에 헹군 다음, 윗면에 칼집을 넣어 양념이 고루 배도록 준비한다.

아스파라거스와 참치요구르트샐러드
_ 4인분

재료와 분량
아스파라거스 통조림 1캔
참치 통조림 1캔
양파 1개
플레인요구르트 2큰술
마요네즈 2큰술
소금 · 후춧가루 약간씩

이렇게 만들어요

1 아스파라거스는 통조림에서 꺼내 물기를 뺀다.

2 참치는 망에 건져서 기름기를 뺀다.

3 양파는 다져서 소금을 넣고 살짝 절여두었다가 물기를 짠다.

4 볼에 마요네즈와 요구르트를 넣고 잘 섞어서 소스를 만든다. 간이 부족하다 싶으면 소금과 후춧가루를 적당량 넣어 간을 맞춘다.

5 그릇에 아스파라거스를 보기 좋게 담고 소스를 뿌린 후 참치를 얹는다.

1 아스파라거스는 통조림으로 준비해 체에 밭쳐 물기를 뺀다. 뭉그러뜨리지 않도록 조심해서 다룬다. 2 볼에 마요네즈와 플레인요구르트 2큰술을 넣고 소스를 만든다.

포테이토참치크림파스타

_ 4인분

재료와 분량

참치 캔 1개
우유 3/4컵
피자치즈 60g
감자 2개
피망 1개
스파게티 국수 160g
소금 · 후춧가루 약간씩
올리브유 1큰술
버터 1큰술
파슬리가루 약간

이렇게 만들어요

1 냄비에 물을 넉넉히 담고 소금과 올리브유를 넣어서 스파게티 국수를 삶는다. 삶은 스파게티 국수는 건져서 버터 1큰술을 넣고 비벼둔다.

2 감자는 5mm 두께로 작게 썬다. 피망은 꼭지를 떼어내고 씨를 턴 후 먹기 좋게 한 입 크기로 썬다.

3 참치 캔은 망에 건져 기름기를 뺀다.

4 냄비에 우유를 넣고, ②의 감자를 넣어서 익을 때까지 끓인다.

5 감자가 부드러워지면 피자치즈 다진 것을 넣어서 끓이다가 피망을 넣고 익힌다.

6 ⑤에 소금과 후춧가루를 넣어서 간한다.

7 접시에 스파게티 국수 삶은 것을 담고 ⑥을 얹는다. 그 위에 기름을 뺀 참치를 얹고 파슬리가루와 후춧가루를 약간 뿌린다.

1 냄비에 우유를 넣고 5mm 두께로 작게 썬 감자를 넣어 익을 때까지 끓인다.
2 감자가 부드러워지면 피자치즈 다진 것을 넣어서 끓이다가 피망을 넣고 익힌 다음, 소금과 후춧가루로 간해서 포테이토 크림소스를 만든다.

배추콘샐러드 _ 4인분

재료와 분량
옥수수 통조림 10g
노란 속대 배춧잎 20장
오이 1/4개
피망 1/2개
햄 20g

소스
설탕 2큰술
올리브유 3큰술
레몬즙 1큰술
레몬식초 1큰술
소금 · 흰후춧가루 약간씩
다진 파슬리 약간

이렇게 만들어요
1 배추는 노란 속대 부분으로 준비하여 가로로 얇게 썬다.

2 오이는 씨 부분을 제거하고 납작하게 썰어 얇게 채 썰고, 피망도 씨를 발라 채 썬다.

3 햄은 끓는 물에 살짝 데쳐 기름기를 뺀 후 배추 길이로 얇게 채 썬다.

4 통조림 옥수수는 알갱이만 건져서 물기를 뺀다.

5 올리브유에 설탕을 녹이고, 나머지 재료를 섞어 소스를 만든다.

6 볼에 모든 재료를 담고 ⑤의 소스로 버무려 그릇에 담아 낸다.

중국식 옥수수 튀김
_ 4인분

재료와 분량
옥수수 통조림 1/2통
당근 1/6개
완두콩 2큰술
양파 1/4개
녹말가루 4큰술
달걀 1/2개
소금 약간
튀김기름

시럽
설탕 1/2컵
물 1/4컵
진간장 1큰술
식초 1큰술

이렇게 만들어요
1 옥수수는 통조림으로 준비하여 물기를 뺀다.

2 당근을 옥수수와 같은 크기로 썬 다음 소금을 넣은 물에 완두콩과 함께 데친다.

3 양파는 굵게 다지고, 달걀은 곱게 풀어 준비한다.

4 옥수수에 당근, 완두콩, 양파, 녹말가루, 달걀물, 소금을 넣고 섞은 다음 160℃의 기름에 한 숟가락씩 넣고 튀긴다.

5 팬에 설탕, 물, 간장을 넣어 젓지 말고 끓여서 시럽을 만든다.

6 시럽에 식초를 넣고 섞은 후 ④의 튀김을 넣고 버무려 기름을 발라 그릇에 담아 낸다.

고구마피자
_ 4인분

재료와 분량
고구마 3개
옥수수 3큰술
베이컨 2장
피자치즈 50g

피자소스
마늘 2톨
양파 1/2개
토마토케첩 6큰술
육수 2/3컵
오레가노 · 소금 · 후춧가루
약간씩

이렇게 만들어요

1 고구마는 어슷하게 0.5cm 두께로 썰어 찜통에 찐다.

2 옥수수는 통조림으로 준비하여 체에 밭쳐 물기를 뺀다.

3 베이컨은 바삭하게 지져 기름을 빼고 네모나게 썬다.

4 냄비에 기름을 두르고 마늘과 양파를 다져서 넣고 볶은 다음, 케첩을 넣고 볶아준다. 육수를 붓고 오레가노를 넣어 끓인다. 걸쭉해지면 소금과 후춧가루로 간하여 소스를 만든다.

5 익힌 고구마에 소스를 바르고 ②, ③의 준비한 재료를 얹고 피자치즈를 얹어준다.

6 오븐에 노릇노릇하게 구워낸다.

콜리플라워샐러드

_ 4인분

재료와 분량
콜리플라워 150g
소금 약간
완두콩 2큰술
옥수수 통조림 1/3컵
건포도 2큰술
양상추 1/4통

드레싱
요구르트 1/2컵
오렌지 1/2개

이렇게 만들어요
1 콜리플라워는 깨끗이 씻어 송이송이 뗀다.

2 물이 팔팔 끓으면 소금을 약간 넣고 콜리플라워를 데친 다음 찬물에 헹궈 차게 식혀놓는다.

3 완두콩은 끓는 물에 소금을 약간 넣고 파랗게 데친 다음 찬물에 헹궈 차게 식혀놓는다.

4 옥수수는 통조림으로 준비하여 국물을 빼고, 건포도는 설탕물에 불렸다가 건진다. 양상추는 한 잎씩 떼어 흐르는 물에 씻고 물기를 털어낸 뒤 한 입 크기로 뜯어놓는다.

5 요구르트에 오렌지 과육을 썰어 넣고 소금으로 간하여 드레싱을 만든다.

6 손질한 재료를 접시에 고루 섞어 담고, 드레싱을 곁들여 낸다.

1 콜리플라워는 송이송이 떼어 소금을 약간 넣고 데친다. 2 완두콩은 삶아서 건져낸다. 3 요구르트에 오렌지를 썰어 넣고 소금으로 간해서 드레싱을 만든다.

옥수수라이스전 _4인분

재료와 분량
옥수수 통조림 1컵
밀가루 2큰술
밥 1컵
다진 파슬리 1큰술
다진 파 1큰술
피망 1개
양파 1/2개
달걀 2개
소금 · 후춧가루 약간씩
샐러드유 약간

이렇게 만들어요

1 통조림용 옥수수는 체에 밭쳐 물기를 뺀다.

2 밥은 접시나 부채를 이용해 한 김 식혀서 준비한다.

3 양파는 다져서 준비하고, 피망은 꼭지를 떼어내고 씨를 턴 후에 잘게 다져둔다.

4 볼에 ①의 옥수수를 넣고 밀가루를 넣어서 잘 섞는다.

5 달걀을 잘 풀어서 준비한 다음, 여기에 ④의 옥수수와 밥을 넣어서 잘 섞는다.

6 ⑤에 피망 다진 것과 양파를 넣고, 파슬리와 파 다진 것을 넣어서 고루 섞는다.

7 소금과 후춧가루를 뿌려서 간한다.

8 프라이팬에 기름을 두르고 ⑦의 반죽을 한 숟가락씩 떠 넣어서 노릇하게 굽는다.

1 밥은 접시나 부채를 이용해 뜨거운 김을 식혀서 준비한다.
2 물기를 빼고 준비한 옥수수에 밀가루를 넣고 잘 섞는다.
3 밥, 옥수수, 달걀, 채소를 고루 섞고 간을 해서 먹기에 알맞은 크기로 굽는다.

율란  _ 4인분

재료와 분량
밤 통조림 1캔
물 1/2컵
검은 깨 1큰술
통깨 1큰술
계피가루 1작은술

이렇게 만들어요

1 통조림 밤은 통조림 국물 2큰술과 물 1/2컵을 넣고 15분간 삶아준다.

2 ①의 밤을 건져 분쇄기에 넣고 곱게 으깬 다음 밤 모양으로 만들어준다.

3 ②의 밤에 검은 깨, 통깨, 계피가루를 각각 묻혀준다.

1 통조림 밤은 통조림 국물 2큰술과 물 1/2컵을 넣고 삶아준다. **2** 삶은 밤을 곱게 빻아 준비한다.

미니밤무스 _ 4인분

재료와 분량
밤 통조림 1캔
밤시럽 2큰술
단호박 100g
생크림 2컵
카스텔라 가루 2큰술
코코아 가루 약간
제과용 식용 구슬 4알

이렇게 만들어요

1 밤과 단호박은 푹 쪄낸다.

2 생크림은 차갑게 하여 휘핑해 둔다.

3 ①과 밤시럽을 믹서에 아주 곱게 간 다음 차갑게 식혀둔다.

4 ③에 생크림을 절반 정도 넣고 고루 섞어준 다음 컵에 담고, 밤과 생크림을 층층이 넣는다.

5 ④에 카스텔라 가루를 뿌린 다음 코코아 가루를 살짝 다시 뿌려주고, 구슬로 장식한다.

1 밤과 단호박은 푹 쪄야 곱게 갈린다.
2 생크림은 차갑게 하여 휘핑해 둔다.

골뱅이야채 무침 _ 4인분

재료와 분량
골뱅이 통조림(대) 1통
대파 2대
오이 1개
무 1/3개
양파 1/2개
대구포 50g

양념장
간장 1/2큰술
고춧가루 3큰술
설탕 2큰술, 식초 2큰술
다진 마늘 1큰술
깨소금 1큰술
소금 · 후춧가루 약간씩

이렇게 만들어요
1 골뱅이는 체에 밭쳐 물기를 빼낸 후 반으로 썬다.

2 대파는 흙을 털고 뿌리를 떼어낸 후 4cm 길이로 채 썰고, 찬물에 잠시 담가두어 아린 맛을 제거한다.

3 오이는 4cm 길이, 0.5cm 두께로 납작하게 썬다.

4 무는 5cm 길이로 채 썰어 소금에 절인 후 물기를 꼭 짠다.

5 양파도 껍질을 벗기고 채 썬다.

6 대구포는 먹기에 적당한 크기로 잘라서 준비한다.

7 분량의 재료를 섞어서 양념장을 만든다.

8 파채는 조금 남겨서 고명으로 쓴다. 우묵한 볼에 준비한 대파, 오이, 무, 대구포, 양파를 담고 양념장을 넣어 버무린다.

9 ⑧을 접시에 담고 남은 파채를 얹는다.

재 료 이 야 기 | **2** 영 양 은 ···

통조림으로 가공하는
재료에는…

옥수수 이야기

옥수수의 주성분은 탄수화물인데, 대부분 녹말이며 포
도당이 조금 들어 있다. 옥수수의 씨눈에는 지방이 25
~27%, 신경 조직에 필요한 레시틴이 1.5% 함유되어
있고, 비타민 E도 많이 들어 있다. 비타민 E는 피부의
건조와 노화를 막아주며, 습진 등에 대한 피부의 저항
력을 높이는 역할을 한다. 옥수수는 필수 아미노산인
트립토판과 리신이 부족하므로 이것들이 비교적 풍부
하게 함유된 우유와 함께 먹는 것이 좋다.

등푸른 생선 이야기

전갱이, 꽁치, 고등어, 청어, 정어리, 연어, 삼치, 참치 등
많은 어류가 등푸른 생선에 속한다. 등푸른 생선은 질
좋은 단백질, 즉 아미노산은 물론 불포화지방산인 DHA
와 EPA를 많이 지니고 있어 건강 식품으로 크게 각광
받고 있다. 어린아이들에게는 뇌세포에 산소를 공급하
는 역할을 함으로써 두뇌를 명석하게 해주고, 노인들에
게는 뇌세포의 노화 및 사멸을 예방시킴으로써 치매 현
상을 미연에 방지할 수 있게 도와준다.

참치 이야기

'바다의 귀족'으로 불리는 참치는 단백질이 27.4%나
함유되어 있어 생선 중에서 단백질 함량이 가장 많은
것은 물론이고, 다른 육류보다도 훨씬 많다. 반면 지방
의 함유량은 육류의 반 정도밖에 되지 않는 고단백질
저지방 식품이어서 다이어트 식품으로도 좋다.
또한 참치에는 EPA라고 하는 불포화지방산이 들어 있
는데, 이 지방산이 성인병을 예방하는 효과를 가지고
있어 건강 식품으로 각광받고 있다.
또한 참치는 비타민을 비롯하여 칼슘과 철분, 마그네슘
과 같은 무기질도 많이 함유하고 있어, 성장기 어린이의
균형 있는 성장과 지능 발달에 도움이 되는 식품이다.

꽁치 이야기

꽁치가 맛있는 계절은 10월과 11월이다. 값도 싸고 영양
도 풍부한 꽁치는 단백질의 함량도 매우 높은 편이며,
아미노산 가치가 100%로 그 질 또한 우수하여 가을철
스태미너 식품으로 꼽을 수 있다.
꽁치의 붉은 살에는 비타민 B12가 많이 들어 있어 빈혈
이 있는 사람에게는 아주 좋은 식품이다. 비타민 A도
풍부하며, 피부와 점막을 튼튼하게 하고 눈의 피로를
방지할 수 있다. 꽁치는 산성 식품이므로 채소와 같은
알칼리성 식품과 곁들여 먹어야 균형을 이룬다.

포테이토마카로니

_ 4인분

재료와 분량
토마토홀 통조림 1캔
감자 400g
양파 1개
다진 마늘 1작은술
마카로니 200g
파르메산치즈 2큰술
올리브유 · 소금 ·
후춧가루 약간씩
다진 파슬리 약간

이렇게 만들어요

1 감자는 껍질을 벗겨서 사방 1.5cm 크기로 썰어서 찬물에 담가둔다.

2 양파는 채를 썰어서 준비한다.

3 프라이팬에 올리브유를 두르고 마늘을 넣어서 볶다가 양파를 넣고 잘 볶는다. 여기에 토마토홀을 넣어 볶는다.

4 ③에 감자를 넣고 물 1컵, 파르메산치즈, 소금, 후춧가루를 넣어서 끓인다.

5 다른 냄비에 물을 붓고 소금 1큰술을 넣어서 마카로니를 삶는다. 알맞게 익으면 건져서 물기를 뺀다.

6 ④에 마카로니 삶은 것을 넣고 잘 섞는다.

7 그릇에 ⑥을 담고 파슬리 다진 것을 뿌려서 낸다.

1 마늘을 넣어 향을 낸 올리브유에 양파를 넣고 볶다가 토마토홀을 넣어서 볶는다.
2 ①에 감자, 물 1컵, 소금, 후춧가루, 파르메산치즈를 넣고 끓인다.

황도너트구이 _ 4인분

재료와 분량
황도 통조림 1캔
크루아상 1개
호두 20g

소스
달걀 노른자 1개
설탕 1큰술
요구르트 3큰술
오렌지술 1작은술

이렇게 만들어요

1 황도는 체에 밭쳐서 물기를 뺀다.

2 호두는 작게 쪼갠다.

3 크루아상은 손으로 작게 뜯어서 준비한다.

4 볼에 소스 재료를 넣어서 잘 섞는다. 여기에 호두와 크루아상 뜯은 것을 넣어서 잘 섞는다.

5 황도 오목한 쪽에 ④의 재료를 올려 그릴에 10분 정도 넣고 노릇하게 구워서 낸다.

6 기호에 따라 슈거파우더를 뿌려서 접시에 담아 낸다.

1 크루아상은 손으로 잘게 뜯어 준비한다. **2** 손질한 호두는 칼로 작게 쪼개어 준비한다. **3** 소스에 호두와 크루아상을 넣고 잘 섞은 다음 황도에 올려 오븐 용기에 담아, 구울 준비를 한다.

참치를 넣은 군만두

_ 4인분

재료와 분량
박력분 200g
물 1/2컵
참기름 · 샐러드유 ·
토마토케첩 적당량
소금 약간

만두소
다진 양파 1/2개
참치 1캔
다진 파슬리 1큰술
소금 · 후춧가루 적당량

이렇게 만들어요

1 볼에 박력분과 물을 넣고 잘 섞어 반죽한다.

2 ①을 비닐봉지에 넣어 1시간 정도 둔다.

3 참치는 망에 담아 기름기를 완전히 뺀다.

4 양파는 껍질을 벗겨 다져서 볼에 담은 뒤, ③의 참치를 넣어 잘 섞는다.
여기에 다진 파슬리와 소금, 후춧가루를 넣어 간을 맞춘다.

5 ②의 반죽을 꺼내어 잘 치댄 다음, 링 모양으로 만들어 다시 칼로 잘라
2개의 봉으로 만든다.

6 1개의 봉을 10등분하여 둥글게 모양을 만든 뒤 방망이로 밀어서 얄팍
하게 만두피를 만든다.

7 ⑥의 만두피에 ④의 속을 넣어 돌돌 말아 긴 막대 모양으로 잘 싼다.

8 프라이팬에 기름과 참기름을 반반씩 둘러 ⑦의 만두를 넣어 중간 불에
서 5분 정도 굽는다. 밑면이 익으면 뒤집어서 5분 정도 구워낸다.

Cooking Tip
만두소를 만들 때는 물기가 생기지 않도록 주의한다. 채소와 고기를 버무려서 만든 만두
소를 넣고 만두를 만들어 찌다보면 채소에서 물이 나와 만두 맛이 떨어질 수 있다. 그러
므로 부추나 파처럼 즙이 잘 나오지 않는 채소를 이용하도록 한다. 여름철에는 오이나 호
박 등의 채소를 넣어 담백한 맛을 내고, 겨울철이라면 돼지고기와 김치를 넣어 얼큰한 맛
을 내도 좋다.

크림치즈과일만두 _ 4인분

재료와 분량
크림치즈 70g
통조림 파인애플 50g
건포도 3~4큰술
만두피 15장
튀김기름 적당량
밀가루 2큰술
물 2큰술
계피가루 · 슈거파우더 약간씩

이렇게 만들어요

1 통조림용 파인애플은 꺼내서 체에 밭쳐 물기를 빼고 8등분한다.

2 크림치즈는 사방 2cm 크기로 썰어서 준비한다.

3 볼에 밀가루와 물을 같은 분량으로 넣고 잘 섞어서 준비한다.

4 만두피에 크림치즈와 건포도, 파인애플을 넣고 가장자리에 ③에서 만든 밀가루 물을 바른다.

5 ④를 반으로 접어서 모양을 만든다.

6 170℃의 기름에 ⑤를 넣어서 노릇하게 튀긴다.

7 기호에 따라서 계피가루나 슈거파우더를 만두 위에 뿌려서 먹는다.

1 만두피에 크림치즈, 건포도, 파인애플을 올려놓고, 밀가루 2큰술과 물 2큰술을 섞어 만든 밀가루 물을 손가락으로 찍어 만두피 반쪽에 발라 잘 붙도록 한다. 2 만두피를 반으로 접어 가볍게 붙여놓은 다음 한쪽으로 접어 붙이면서 모양을 만든다.